DIESES BUCH GEHÖRT:

MO

Datum:

DI

Datum:

MI

Datum:

DO

Datum:

FR

Datum:

SA

Datum:

SO

Datum:

AUFGABEN

- ☐ ....
- ☐ ....
- ☐ ....
- ☐ ....
- ☐ ....
- ☐ ....
- ☐ ....
- ☐ ....
- ☐ ....
- ☐ ....
- ☐ ....
- ☐ ....

MO

Datum:

DI

Datum:

MI

Datum:

DO

Datum:

FR

Datum:

SA

Datum:

SO

Datum:

AUFGABEN

- [ ] ....
- [ ] ....
- [ ] ....
- [ ] ....
- [ ] ....
- [ ] ....

- [ ] ....
- [ ] ....
- [ ] ....
- [ ] ....
- [ ] ....
- [ ] ....

MO

Datum:

DI

Datum:

MI

Datum:

DO

Datum:

FR

Datum:

SA

Datum:

SO

Datum:

AUFGABEN

- ☐ ....
- ☐ ....
- ☐ ....
- ☐ ....
- ☐ ....
- ☐ ....
- ☐ ....
- ☐ ....
- ☐ ....
- ☐ ....
- ☐ ....
- ☐ ....

MO

Datum:

DI

Datum:

MI

Datum:

DO

Datum:

FR

Datum:

SA

Datum:

SO

Datum:

AUFGABEN

- [ ] ....
- [ ] ....
- [ ] ....
- [ ] ....
- [ ] ....
- [ ] ....

- [ ] ....
- [ ] ....
- [ ] ....
- [ ] ....
- [ ] ....
- [ ] ....

MO

Datum:

DI

Datum:

MI

Datum:

DO

Datum:

FR

Datum:

SA

Datum:

SO

Datum:

AUFGABEN

- ☐ ....
- ☐ ....
- ☐ ....
- ☐ ....
- ☐ ....
- ☐ ....

- ☐ ....
- ☐ ....
- ☐ ....
- ☐ ....
- ☐ ....
- ☐ ....

MO

Datum:

DI

Datum:

MI

Datum:

DO

Datum:

FR

Datum:

SA

Datum:

SO

Datum:

AUFGABEN

- ☐ ....
- ☐ ....
- ☐ ....
- ☐ ....
- ☐ ....
- ☐ ....
- ☐ ....
- ☐ ....
- ☐ ....
- ☐ ....
- ☐ ....
- ☐ ....

MO

Datum:

DI

Datum:

MI

Datum:

DO

Datum:

FR

Datum:

SA

Datum:

SO

Datum:

AUFGABEN

☐ ....   ☐ ....
☐ ....   ☐ ....
☐ ....   ☐ ....
☐ ....   ☐ ....
☐ ....   ☐ ....
☐ ....   ☐ ....

MO

Datum:

DI

Datum:

MI

Datum:

DO

Datum:

FR

Datum:

SA

Datum:

SO

Datum:

AUFGABEN

☐ .... ☐ ....
☐ .... ☐ ....
☐ .... ☐ ....
☐ .... ☐ ....
☐ .... ☐ ....
☐ .... ☐ ....

MO

Datum:

DI

Datum:

MI

Datum:

DO

Datum:

FR

Datum:

SA

Datum:

SO

Datum:

AUFGABEN

- ☐ ....
- ☐ ....
- ☐ ....
- ☐ ....
- ☐ ....
- ☐ ....

- ☐ ....
- ☐ ....
- ☐ ....
- ☐ ....
- ☐ ....
- ☐ ....

MO

Datum:

DI

Datum:

MI

Datum:

DO

Datum:

FR

Datum:

SA

Datum:

SO

Datum:

AUFGABEN

- [ ] ....
- [ ] ....
- [ ] ....
- [ ] ....
- [ ] ....
- [ ] ....

- [ ] ....
- [ ] ....
- [ ] ....
- [ ] ....
- [ ] ....
- [ ] ....

MO

Datum:

DI

Datum:

MI

Datum:

DO

Datum:

FR

Datum:

SA

Datum:

SO

Datum:

AUFGABEN

- ☐ ....
- ☐ ....
- ☐ ....
- ☐ ....
- ☐ ....
- ☐ ....

- ☐ ....
- ☐ ....
- ☐ ....
- ☐ ....
- ☐ ....
- ☐ ....

MO

Datum:

DI

Datum:

MI

Datum:

DO

Datum:

FR

Datum:

SA

Datum:

SO

Datum:

AUFGABEN

- [ ] ....
- [ ] ....
- [ ] ....
- [ ] ....
- [ ] ....
- [ ] ....
- [ ] ....
- [ ] ....
- [ ] ....
- [ ] ....
- [ ] ....
- [ ] ....

MO

Datum:

DI

Datum:

MI

Datum:

DO

Datum:

FR

Datum:

SA

Datum:

SO

Datum:

AUFGABEN

☐ ....
☐ ....
☐ ....
☐ ....
☐ ....
☐ ....

☐ ....
☐ ....
☐ ....
☐ ....
☐ ....
☐ ....

MO

Datum:

DI

Datum:

MI

Datum:

DO

Datum:

FR

Datum:

SA

Datum:

SO

Datum:

AUFGABEN

☐ ....
☐ ....
☐ ....
☐ ....
☐ ....
☐ ....

☐ ....
☐ ....
☐ ....
☐ ....
☐ ....
☐ ....

MO

Datum:

DI

Datum:

MI

Datum:

DO

Datum:

FR

Datum:

SA

Datum:

SO

Datum:

AUFGABEN

☐ .... ☐ ....
☐ .... ☐ ....
☐ .... ☐ ....
☐ .... ☐ ....
☐ .... ☐ ....
☐ .... ☐ ....

31

MO

Datum:

DI

Datum:

MI

Datum:

DO

Datum:

FR

Datum:

SA

Datum:

SO

Datum:

AUFGABEN

- [ ] ....
- [ ] ....
- [ ] ....
- [ ] ....
- [ ] ....
- [ ] ....
- [ ] ....
- [ ] ....
- [ ] ....
- [ ] ....
- [ ] ....
- [ ] ....

MO

Datum:

DI

Datum:

MI

Datum:

DO

Datum:

FR

Datum:

SA

Datum:

SO

Datum:

AUFGABEN

☐ ....
☐ ....
☐ ....
☐ ....
☐ ....
☐ ....

☐ ....
☐ ....
☐ ....
☐ ....
☐ ....
☐ ....

MO

Datum:

DI

Datum:

MI

Datum:

DO

Datum:

FR

Datum:

SA

Datum:

SO

Datum:

AUFGABEN

- ☐ ....
- ☐ ....
- ☐ ....
- ☐ ....
- ☐ ....
- ☐ ....

- ☐ ....
- ☐ ....
- ☐ ....
- ☐ ....
- ☐ ....
- ☐ ....

MO

Datum:

DI

Datum:

MI

Datum:

DO

Datum:

FR

Datum:

SA

Datum:

SO

Datum:

AUFGABEN

☐ .... ☐ ....
☐ .... ☐ ....
☐ .... ☐ ....
☐ .... ☐ ....
☐ .... ☐ ....
☐ .... ☐ ....

MO

Datum:

DI

Datum:

MI

Datum:

DO

Datum:

FR

Datum:

SA

Datum:

SO

Datum:

AUFGABEN

- ☐ ....
- ☐ ....
- ☐ ....
- ☐ ....
- ☐ ....
- ☐ ....
- ☐ ....
- ☐ ....
- ☐ ....
- ☐ ....
- ☐ ....
- ☐ ....

MO

Datum:

DI

Datum:

MI

Datum:

DO

Datum:

FR

Datum:

SA

Datum:

SO

Datum:

AUFGABEN

☐ ....
☐ ....
☐ ....
☐ ....
☐ ....
☐ ....

☐ ....
☐ ....
☐ ....
☐ ....
☐ ....
☐ ....

MO

Datum:

DI

Datum:

MI

Datum:

DO

Datum:

FR

Datum:

SA

Datum:

SO

Datum:

AUFGABEN

- [ ] ....
- [ ] ....
- [ ] ....
- [ ] ....
- [ ] ....
- [ ] ....
- [ ] ....
- [ ] ....
- [ ] ....
- [ ] ....
- [ ] ....
- [ ] ....

MO

Datum:

DI

Datum:

MI

Datum:

DO

Datum:

FR

Datum:

SA

Datum:

SO

Datum:

AUFGABEN

- ☐ ....
- ☐ ....
- ☐ ....
- ☐ ....
- ☐ ....
- ☐ ....

- ☐ ....
- ☐ ....
- ☐ ....
- ☐ ....
- ☐ ....
- ☐ ....

MO

Datum:

DI

Datum:

MI

Datum:

DO

Datum:

FR

Datum:

SA

Datum:

SO

Datum:

AUFGABEN

☐ ....
☐ ....
☐ ....
☐ ....
☐ ....
☐ ....

☐ ....
☐ ....
☐ ....
☐ ....
☐ ....
☐ ....

MO

Datum:

DI

Datum:

MI

Datum:

DO

Datum:

FR

Datum:

SA

Datum:

SO

Datum:

AUFGABEN

- ☐ ....
- ☐ ....
- ☐ ....
- ☐ ....
- ☐ ....
- ☐ ....
- ☐ ....
- ☐ ....
- ☐ ....
- ☐ ....
- ☐ ....
- ☐ ....

MO

Datum:

DI

Datum:

MI

Datum:

DO

Datum:

FR

Datum:

SA

Datum:

SO

Datum:

AUFGABEN

☐ .... ☐ ....
☐ .... ☐ ....
☐ .... ☐ ....
☐ .... ☐ ....
☐ .... ☐ ....
☐ .... ☐ ....

MO

Datum:

DI

Datum:

MI

Datum:

DO

Datum:

FR

Datum:

SA

Datum:

SO

Datum:

AUFGABEN

- [ ] ....
- [ ] ....
- [ ] ....
- [ ] ....
- [ ] ....
- [ ] ....

- [ ] ....
- [ ] ....
- [ ] ....
- [ ] ....
- [ ] ....
- [ ] ....

MO

Datum:

DI

Datum:

MI

Datum:

DO

Datum:

FR

Datum:

SA

Datum:

SO

Datum:

AUFGABEN

☐ ....
☐ ....
☐ ....
☐ ....
☐ ....
☐ ....

☐ ....
☐ ....
☐ ....
☐ ....
☐ ....
☐ ....

MO

Datum:

DI

Datum:

MI

Datum:

DO

Datum:

FR

Datum:

SA

Datum:

SO

Datum:

AUFGABEN

- ☐ ....
- ☐ ....
- ☐ ....
- ☐ ....
- ☐ ....
- ☐ ....

- ☐ ....
- ☐ ....
- ☐ ....
- ☐ ....
- ☐ ....
- ☐ ....

MO

Datum:

DI

Datum:

MI

Datum:

DO

Datum:

FR

Datum:

SA

Datum:

SO

Datum:

AUFGABEN

- ☐ ....
- ☐ ....
- ☐ ....
- ☐ ....
- ☐ ....
- ☐ ....

- ☐ ....
- ☐ ....
- ☐ ....
- ☐ ....
- ☐ ....
- ☐ ....

MO

Datum:

DI

Datum:

MI

Datum:

DO

Datum:

FR

Datum:

SA

Datum:

SO

Datum:

AUFGABEN

☐ .... ☐ ....
☐ .... ☐ ....
☐ .... ☐ ....
☐ .... ☐ ....
☐ .... ☐ ....
☐ .... ☐ ....

MO

Datum:

DI

Datum:

MI

Datum:

DO

Datum:

FR

Datum:

SA

Datum:

SO

Datum:

AUFGABEN

- [ ] ....
- [ ] ....
- [ ] ....
- [ ] ....
- [ ] ....
- [ ] ....

- [ ] ....
- [ ] ....
- [ ] ....
- [ ] ....
- [ ] ....
- [ ] ....

MO

Datum:

DI

Datum:

MI

Datum:

DO

Datum:

FR

Datum:

SA

Datum:

SO

Datum:

AUFGABEN

- [ ] ....
- [ ] ....
- [ ] ....
- [ ] ....
- [ ] ....
- [ ] ....

- [ ] ....
- [ ] ....
- [ ] ....
- [ ] ....
- [ ] ....

MO

Datum:

DI

Datum:

MI

Datum:

DO

Datum:

FR

Datum:

SA

Datum:

SO

Datum:

AUFGABEN

- ☐ ....
- ☐ ....
- ☐ ....
- ☐ ....
- ☐ ....
- ☐ ....

- ☐ ....
- ☐ ....
- ☐ ....
- ☐ ....
- ☐ ....
- ☐ ....

MO

Datum:

DI

Datum:

MI

Datum:

DO

Datum:

FR

Datum:

SA

Datum:

SO

Datum:

AUFGABEN

☐ .... ☐ ....
☐ .... ☐ ....
☐ .... ☐ ....
☐ .... ☐ ....
☐ .... ☐ ....
☐ .... ☐ ....

71

MO

Datum:

DI

Datum:

MI

Datum:

DO

Datum:

FR

Datum:

SA

Datum:

SO

Datum:

AUFGABEN

- [ ] ....
- [ ] ....
- [ ] ....
- [ ] ....
- [ ] ....
- [ ] ....

- [ ] ....
- [ ] ....
- [ ] ....
- [ ] ....
- [ ] ....
- [ ] ....

MO

Datum:

DI

Datum:

MI

Datum:

DO

Datum:

FR

Datum:

SA

Datum:

SO

Datum:

AUFGABEN

- [ ] ....
- [ ] ....
- [ ] ....
- [ ] ....
- [ ] ....
- [ ] ....
- [ ] ....
- [ ] ....
- [ ] ....
- [ ] ....
- [ ] ....
- [ ] ....

MO

Datum:

DI

Datum:

MI

Datum:

DO

Datum:

FR

Datum:

SA

Datum:

SO

Datum:

AUFGABEN

☐ .... ☐ ....
☐ .... ☐ ....
☐ .... ☐ ....
☐ .... ☐ ....
☐ .... ☐ ....
☐ .... ☐ ....

77

MO

Datum:

DI

Datum:

MI

Datum:

DO

Datum:

FR

Datum:

SA

Datum:

SO

Datum:

AUFGABEN

- ☐ ....
- ☐ ....
- ☐ ....
- ☐ ....
- ☐ ....
- ☐ ....

- ☐ ....
- ☐ ....
- ☐ ....
- ☐ ....
- ☐ ....
- ☐ ....

MO

Datum:

DI

Datum:

MI

Datum:

DO

Datum:

FR

Datum:

SA

Datum:

SO

Datum:

AUFGABEN

- [ ] ....
- [ ] ....
- [ ] ....
- [ ] ....
- [ ] ....
- [ ] ....

- [ ] ....
- [ ] ....
- [ ] ....
- [ ] ....
- [ ] ....
- [ ] ....

MO

Datum:

DI

Datum:

MI

Datum:

DO

Datum:

FR

Datum:

SA

Datum:

SO

Datum:

AUFGABEN

- [ ] ....
- [ ] ....
- [ ] ....
- [ ] ....
- [ ] ....
- [ ] ....
- [ ] ....
- [ ] ....
- [ ] ....
- [ ] ....
- [ ] ....
- [ ] ....

MO

Datum:

DI

Datum:

MI

Datum:

DO

Datum:

FR

Datum:

SA

Datum:

SO

Datum:

AUFGABEN

- [ ] ....
- [ ] ....
- [ ] ....
- [ ] ....
- [ ] ....
- [ ] ....

- [ ] ....
- [ ] ....
- [ ] ....
- [ ] ....
- [ ] ....
- [ ] ....

MO

Datum:

DI

Datum:

MI

Datum:

DO

Datum:

FR

Datum:

SA

Datum:

SO

Datum:

AUFGABEN

- [ ] ....
- [ ] ....
- [ ] ....
- [ ] ....
- [ ] ....
- [ ] ....
- [ ] ....
- [ ] ....
- [ ] ....
- [ ] ....
- [ ] ....
- [ ] ....

MO

Datum:

DI

Datum:

MI

Datum:

DO

Datum:

FR

Datum:

SA

Datum:

SO

Datum:

AUFGABEN

☐ ....
☐ ....
☐ ....
☐ ....
☐ ....
☐ ....

☐ ....
☐ ....
☐ ....
☐ ....
☐ ....
☐ ....

MO

Datum:

DI

Datum:

MI

Datum:

DO

Datum:

FR

Datum:

SA

Datum:

SO

Datum:

AUFGABEN

- [ ] ....
- [ ] ....
- [ ] ....
- [ ] ....
- [ ] ....
- [ ] ....
- [ ] ....
- [ ] ....
- [ ] ....
- [ ] ....
- [ ] ....
- [ ] ....

MO

Datum:

DI

Datum:

MI

Datum:

DO

Datum:

FR

Datum:

SA

Datum:

SO

Datum:

AUFGABEN

- [ ] ....
- [ ] ....
- [ ] ....
- [ ] ....
- [ ] ....
- [ ] ....

- [ ] ....
- [ ] ....
- [ ] ....
- [ ] ....
- [ ] ....
- [ ] ....

MO

Datum:

DI

Datum:

MI

Datum:

DO

Datum:

FR

Datum:

SA

Datum:

SO

Datum:

AUFGABEN

- ☐ ....
- ☐ ....
- ☐ ....
- ☐ ....
- ☐ ....
- ☐ ....
- ☐ ....
- ☐ ....
- ☐ ....
- ☐ ....
- ☐ ....
- ☐ ....

MO

Datum:

DI

Datum:

MI

Datum:

DO

Datum:

FR

Datum:

SA

Datum:

SO

Datum:

AUFGABEN

- ☐ ....
- ☐ ....
- ☐ ....
- ☐ ....
- ☐ ....
- ☐ ....

- ☐ ....
- ☐ ....
- ☐ ....
- ☐ ....
- ☐ ....
- ☐ ....

MO

Datum:

DI

Datum:

MI

Datum:

DO

Datum:

FR

Datum:

SA

Datum:

SO

Datum:

AUFGABEN

- ☐ ....
- ☐ ....
- ☐ ....
- ☐ ....
- ☐ ....
- ☐ ....
- ☐ ....
- ☐ ....
- ☐ ....
- ☐ ....
- ☐ ....
- ☐ ....

MO

Datum:

DI

Datum:

MI

Datum:

DO

Datum:

FR

Datum:

SA

Datum:

SO

Datum:

AUFGABEN

- [ ] ....
- [ ] ....
- [ ] ....
- [ ] ....
- [ ] ....
- [ ] ....
- [ ] ....
- [ ] ....
- [ ] ....
- [ ] ....
- [ ] ....
- [ ] ....

MO

Datum:

DI

Datum:

MI

Datum:

DO

Datum:

FR

Datum:

SA

Datum:

SO

Datum:

AUFGABEN

- [ ] ....
- [ ] ....
- [ ] ....
- [ ] ....
- [ ] ....
- [ ] ....

- [ ] ....
- [ ] ....
- [ ] ....
- [ ] ....
- [ ] ....
- [ ] ....

MO

Datum:

DI

Datum:

MI

Datum:

DO

Datum:

FR

Datum:

SA

Datum:

SO

Datum:

AUFGABEN

- [ ] ....
- [ ] ....
- [ ] ....
- [ ] ....
- [ ] ....
- [ ] ....
- [ ] ....
- [ ] ....
- [ ] ....
- [ ] ....
- [ ] ....
- [ ] ....

MO

Datum:

DI

Datum:

MI

Datum:

DO

Datum:

FR

Datum:

SA

Datum:

SO

Datum:

AUFGABEN

- [ ] ....
- [ ] ....
- [ ] ....
- [ ] ....
- [ ] ....
- [ ] ....
- [ ] ....
- [ ] ....
- [ ] ....
- [ ] ....
- [ ] ....
- [ ] ....

MO

Datum:

DI

Datum:

MI

Datum:

DO

Datum:

FR

Datum:

SA

Datum:

SO

Datum:

AUFGABEN

- [ ] ....
- [ ] ....
- [ ] ....
- [ ] ....
- [ ] ....
- [ ] ....
- [ ] ....
- [ ] ....
- [ ] ....
- [ ] ....
- [ ] ....
- [ ] ....

MO

Datum:

DI

Datum:

MI

Datum:

DO

Datum:

FR

Datum:

SA

Datum:

SO

Datum:

AUFGABEN

☐ ....
☐ ....
☐ ....
☐ ....
☐ ....
☐ ....

☐ ....
☐ ....
☐ ....
☐ ....
☐ ....
☐ ....

MO

Datum:

DI

Datum:

MI

Datum:

DO

Datum:

FR

Datum:

SA

Datum:

SO

Datum:

AUFGABEN

☐ .... ☐ ....
☐ .... ☐ ....
☐ .... ☐ ....
☐ .... ☐ ....
☐ .... ☐ ....
☐ .... ☐ ....

MO

Datum:

DI

Datum:

MI

Datum:

DO

Datum:

FR

Datum:

SA

Datum:

SO

Datum:

AUFGABEN

- [ ] ....
- [ ] ....
- [ ] ....
- [ ] ....
- [ ] ....
- [ ] ....
- [ ] ....
- [ ] ....
- [ ] ....
- [ ] ....
- [ ] ....
- [ ] ....

MO

Datum:

DI

Datum:

MI

Datum:

DO

Datum:

FR

Datum:

SA

Datum:

SO

Datum:

AUFGABEN

- ☐ ....
- ☐ ....
- ☐ ....
- ☐ ....
- ☐ ....
- ☐ ....

- ☐ ....
- ☐ ....
- ☐ ....
- ☐ ....
- ☐ ....
- ☐ ....

MO

Datum:

DI

Datum:

MI

Datum:

DO

Datum:

FR

Datum:

SA

Datum:

SO

Datum:

AUFGABEN

☐ .... ☐ ....
☐ .... ☐ ....
☐ .... ☐ ....
☐ .... ☐ ....
☐ .... ☐ ....
☐ .... ☐ ....